Benjamin Matzek

Die Schleifzugkaravane

Gedichte

Bibliografische Information der Deutschen Nationalbibliothek: Die Deutsche
Nationalbibliothek verzeichnet diese Publikation in der Deutschen
Nationalbibliografie; detaillierte bibliografische Daten sind im Internet
über dnb.dnb.de abrufbar.

Herstellung und Verlag: BoD – Books on Demand, Nordstedt
ISBN: 9783732253869

Für Lior

Benjamin Matzek
Die Schleifzugkaravane

Gedichte

Inhalt

1. Kapitel

Formsache Feierabend

Der Zufall

gab diesen Überlegungen
ganz unerwartete Verwendung

vorbei, vergessen

habs gegessen, habs getippt
bin müde und doch nicht glücklich
es ist schon spät, es regnet
und dennoch scheint alles möglich

es ist zu Weilen wie zuvor
immer wieder frisch verschmiert
man lässt ihn schlafen, lässt ihn träumen,
den großen Bär der Freizeitwogen

noch nie zuvor habe ich so viel
für eine Vorstellung gefühlt
sag Bescheid, wenn du bereit bist
Anständigkeit zu riskieren

Verlangen

es macht Freude
an dir zu kleben
einem Teenager
von fünfundzwanzig Jahren
nicht frei von Stolz
und voll von
erlerntem Misstrauen

Vereinsarbeit

Die Leiter steht
vorm Vereinsführerhäuschen
und es wird mit ihr
nicht das Dach repariert
die Zeiger stehen auf Wandel hier
doch niemand liest mehr die Uhr

Nicht jetzt

Abwesenheit
wird immer
komplexer

Nicht tanzen

du weißt,
wo ich Platz nahm
gestern nacht in der Disco
wo ich mich dem Gespräch hingab
und die Tanzfläche unberührt lies

ich hätte dir gerne
etwas gesagt
doch hab ich mein
eigenes Wort nicht verstanden

Getan, vorbei, bleibt die Planung

Ich weiß von meinen Taten
nicht mehr als die Fragen
welche ich stellte
bevor ich sie plante

Der Standortälteste

erfror in der Kälte
der ländlichen Wälder
aber immerhin
als Standortoberältester

Nachteinsatz

Die Mobiltelefon
beleuchtet den Balik-TAN
südlich
von Kandahar
unter Einsatz
eines Lebens

kulturelle Transmission

auf Feldern ähnlich derer
des Großvaters ernte ich Wein
ich sitze da und kippe mir
einen hinter die Binde
Traditionen zu erhalten
zeugt nicht von guten Eltern

ungewöhnliche Paarung

zusammen mit dem Rübenbauer
lag die Schwalbe auf der Lauer
nach einem frischen Stück
Fleisch

Adliges Findelkind

Schau nur
dort
die Schnur
wie wunderbar sie
im Winde sich schaukelt
vermutlich
stammt sie aus
einer Gauklerfamilie

Der Schriftsteller
- oder: Lyrik-Algorithmus

die Schreibmaschine
steht auf der Waschmaschine
dort schreibt sie
fast wie von ganz allein
während des
Schleudergangs

Rudi und Udo

ich höre Udo immer rufen
„Rudi, hätsch mir noch n Bier?"
und der Kiosk schließt gelegentlich nur
als Säufer
muss man saufen
das versteh ich
aber wenn schon besoffen
geht es dann nicht auch
wenigstens fröhlich?

Grunge-Riveval 2011

Zum Visionär
habt ihr mich auserkoren
dabei hatte ich
von Resignation gesprochen

Kalküle

Singlespiele
seitenverkehrt
unüberlegt
Rollen getauscht
doch nicht verkehrt
freizügig
hingebungsvoll
dennoch nicht unbeschwert
beinahe gratis
manchmal um sonst

Berlin, - eigentlich kein Mädchenname?

Partyvolk
leicht eingerollt
in den ersten
Sonnenstrahlen
sitzt da wie gestern
auf den Stühlen
aber dieses Mal mit
Sonnenbrillen

Die Bettler

mit einem Schild
mit einer Begründung
verdienen rund ein Drittel mehr
als ihre unbeschrifteten
Kollegen

Leere ist auch unterhaltsam

weiße Blätter
scheinen netter
wenn es nichts
zu sagen gibt

Malheur

eine Farbstudie
für Regenjacken
nimmt heute deinen
Schlafplatz ein
verwaschenes Gelb
und tiefdunkles braun
liegen dort nebeneinander

Mit vereinten Kräften
wählten wir den Innenfutterglanz
doch zum Sieg verhalf nur
ungewöhnliches Auftreten

Ich lese meinem Sohn gerne Gutenachtgeschichten vor: leider ist das viel zu schnell vorbei

Die Mondfabel
schreibt sich am besten
in der Mittagssonne

Schwarzmarkt

ich hätte da
was abzugeben
es kost nicht viel
nur n bisschen eben

wie man es beschreiben kann?
der eine nennt es Tod
der andre nennt es Leben
das kann man sich schon leisten

wofür sich das gebrauchen lässt?
Das wisst ihr besser scheints als ich

Neunzehnhundertdreiundsiebzig

wurde der Scheerenweitwurf
in Australien verboten,
da sich zahlreiche Werfer selbst enthauptet hatten
seitdem erfreuen sich weniger gefährlichere Ersatzobjekte aus Holz
einer stetig wachsenden Beliebtheit

Klaustrophobie

„Ach du Scheiße! Schau mal da, der Klaus."
„Oh nein! Dem will ich nicht begegnen."
„Ich weiß schon, mach schnell – lass uns hier ins Schaufenster sehen."
„Ja schnell!"
„So ist es gut."

„Ist er schon weg?"
„Hier keine Spur mehr von ihm."
„Ich werd mich mal, gen Norden drehen."
„Die Luft ist rein, wir können gehen."

Auf der anderen Seite des Schaufensters Klaus:
„Hallo Freunde! Was macht ihr denn hier? Schön euch zu sehen."

Die Probe

...und bitte!!
...sehr schön, - gleich noch einmal.
...okay, aber wirkt etwas...
Nein, das war es noch nicht - neuer Versuch!
Schon besser, ...ja, jetzt hast du...
es gleich wieder...jetzt
bist du
ganz nahe dran
- ... ;
okay, das war es
für heute für heute
machen wir Schluss
wir üben Übermorgen wieder
vergiss das nicht und jetzt geh heim

2. Kapitel

Von Geistern und Gestirnen

Zweideutigkeit

Zu Weilen sind ernste Kommentare
ein Zeichen für gewitzten Geist

Ein Auszug aus Briefwechsel zwischen John Cage und Alvin Lucier

hier nur ein kurzer
Brief an dich
ohne Intention
und ohne Überschrift
ohne Inhalt
und ohne Signatur
es steht nur geschrieben
Ich liebte Dur

Hilfestellung

Die Prognosen
des großen Kaleidoskopen
führten seine Jünger
in noch unbekannte Zonen
und der Nachfolgegeneration
vermachte er das Musikfernsehen

Listen

ich sitze hier und höre euch darüber reden
ihr sitzt dort drüben und seid am Leben
irgendjemand singt irgendwo
das vermischt sich mit dem Rauschen
der cogito

das ist alles legal
ja, natürlich

doch unausweichlich
noch lange nicht

Fortschritt

Höflichkeit
in den Hinterhöfen
einer neuen Technologie

Der Wanderer

War es falsch zu bleiben?
Das werde ich sicher
hier nicht herausfinden
ich habe nichts aus Prinzip
etwas gegen das Hier
nur das Bleiben
das ekelt mich an

und ich will nicht der bleiben
wie ich immer war
der ich bin
ich will
nicht mehr
das tun
was ich tue
möchte nicht hier
in meiner Ecke lehnen
und das Dinge
auf mir beruhen lassen

Damals verbündet, jetzt zusammen

Zu welchem Zweck
wir einst zusammen kamen
das lässt sich heute
nur mehr erahnen

vielleicht

Das Leben im Konjunktiv
hätte mir gar nichts genützt
hättest du dich
nicht auf mich gestürzt

nun sind wir lange
Hand in Hand gefallen
haben uns dann zum Abschluss
die Köpfe gestoßen

wir haben verloren
gegen wen weiß ich auch nicht
Trost lag im Verborgenen
Neues hat sich selbst gemeint

Einstand im Einfamilienhaus

in ganze Häusern zu zweit
habt ihr euch hinein befreit
und die Anderen
als Sklaven gehalten
zufrieden am Parkrand
habt ihr gewartet
und euch gefreut
über all jene welche
früher vor euch gehen mussten

Schöner leiden

Ihr sagt, ihr fühlt Leid
den Plan, unter der Matratze zerknüllt
Ihr Arbeiter seid gute Tiere
ihr Leser, Bettler, Trickbetrüger
ihr Gaukler, Gärtner und Tagelöhner
ihr seid es, von denen sich der Dichter
eine Scheibe abschneiden kann

zugreifen

wer Wolle liebt
und Glücksmomente
dem empfehle ich
die Zeiten vor dem Ende

Positivismus

hier gehe ich
und weiß nicht
wohin
und das fühlt sich
gut an

du kommst

immer zu spät
das musst du
noch lernen

Vergewisserung

einer dieser
einfachen Tage
es gibt nicht s zu tun
weil alles viel zu fern ist

man rührt nur ein klein wenig
mit dem Finger im Ohr
damit man erst einmal
doch etwas findet

Erwartung

hier stehe ich
scheinbar gut
der Ort ist bestimmt
nur mein Impuls
der schweigt noch.

Das Hallo

eines Unbekannten
nagelte mich fest
vielleicht für Stunden
lange nachdem er
bereits gegangen war

Überflieger

zwischen Leichtsinn und Übermut
flog es dahin
es sang ein Lied
von den Weltenmeeren
doch es beendete sein Leben
als wir uns trafen

Ungarn

es ist still geworden
um den kleinen Fleck
auf meiner Seele
um ihn herum
nur Liebesverbote

mein Gehirn
zittert um jenen Moment
der immer meine
Aufmerksamkeit band
selbst in den seltsamsten Momenten

doch ich weiß nicht zu sagen
ob es erloschen ist
oder umplatziert wurde

Fehleingabe

ich habe so viel Zeit verschlafen
in der andere fleißig waren
fast wie stringente Mainzelmännchen

Die schönste Verfehlung

Welch Malheur der Herr Maja
auf der Fregatte verursachte
als er das Fräulein Cooke küsste
wusste er nicht
und konnte er nicht wissen

ja Küssen ist komisch
und manchmal beschissen

nichts anderes

zufällig ich
also leider auch du
kein Kontrastprogramm

bisher knapp gerettet

Ich komme zu spät
fünf Minuten mindestens
meist um dir zu sagen
dass ich gescheitert bin

Wohlfühlgesellschaft

ich wünschte mir doch nur
ein ruhiges Leben ohne euch
ein Leben das noch nicht
an euch ausgeliefert ist

oder zumindest eines
das davon weiß

ich könnte dir folgen
eigentlich egal wohin
aber dabei fühle
ich mich einfach unecht

Tierliebe

Es liegt so still und natürlich
die Spinne auf dem Rücken
alle acht Beine sind eingezogen

Ich würd mich ja bücken
sie behutsam aufzuheben
doch ich glaube sie will nur
den Spinnengott loben

Die Fliege hingegen
meditiert friedlich im Netz
Ich finde das wirkt
etwas aufgesetzt

Verlässlichkeit

zumindest
deine Nippel
stehen zu mir
auch in schlechten Zeiten

Schicksal

ein Schenkelklopfer
ich an dir verübt
hat dazu geführt
dass wir taten
was wir ohne Schenkel
wohl nicht getan hätten

Das Appell

„Versprich mir, dass du aufhörst zu schreiben!"
„Ich glaube, das würde
nicht funktionieren."
„Dann gib dir wenigstens Mühe!"

an einen Ex-Freund

Weißt du, Frederik
wir hatten doch viel Spaß zusammen
Und jetzt
willst du dich beklagen
Du hattest stets die Wahl
und mir war das egal
wenn das keine wahre Liebe ist
dann weiß ich auch nicht

Lyrik ist auch nicht immer einfach

Ich sitze und schreibe
aufgrund meiner Unvernunft
ohne Sonnensegel
auf einem Balkon

Gastfreundschaft ist nie zu hause

Du bist willkommen
wo du nicht
zu hause bist

Neue Musik

Eine Klingel
und eine Hupe
spielen
am Fahrradlenker
ein modernes
aus dem Weg Duett

Trennung kann ich nicht gut und finde ich uninteressant, wenn sie offensichtlich ist

Die Seele ist ein Zwischenlager
für große Taten
und Gerüchte

Der kleine Franz

bind sich den Latz
auf dass er spurlos
schlingen kann

Ansprache emanzipierter Eltern

Mein Sohn Erik
manchmal wünsch ich mir wirklich
du wärest
ein bisschen mehr wie
mein Sohn Erika

Die Tasse

trägt
noch ein wenig Satz am Boden
lesen kann aus ihm
jeder dass einer
nicht ausgetrunken hat

Begegnungen

wer mit mir redet
scheint
zufallsbestimmt

Die Südsee

schwimmt
auf und davon

Die Sonne

stand schon tief am Horizont
als es endlich
Sommer wurde

Beschleunigung

sie lief los
ließ sich fallen
stand wieder auf
stürzte, stockte
Konzentration
Beschleunigung
sie zog vorbei
schneller
als gedacht
Isolation
Zufriedenheit
Rhythmusfehler
...Sturz, endültig

Schon wieder schlechte Lyrik

Wer rettet mich
vor diesen Zeilen
die drohen mich
zu verschlingen
Ich könnte einen Anwalt holen...

Dann wenig später vor Gericht:
„Angeklagter, erheben sie sich!"
...und kein Wort steht auf

Zuständigkeitsgefühle

untergraben meine Arbeitsgier
minimieren
meine Präzision
treiben die Kühnheit
in die Revision
und ich plädiere
nach wie vor
für eine Analyse

Die Matratze

lehnt nicht gerade
unansehnlich
an der Wand
zwei auf drei Meter
ein Sessel
eine Couch davor
die Matratze
sollte Tapete heißen

Die Milchstrasse

bahnt sich
einen Weg
durch meinen
Cafe

Relationalismus

hinter großen Persönlichkeiten
stehen erstaunlich oft
kleine Geister

Das Wort

trat ständig von neuem
über seine Lippenschwelle
dann durch das Treppenhaus
seiner Gedankengänge
hinaus an den Tag

anderer Leute Probleme

Dies Problem
könnte gerne meins sein
wenn es sich lösen lässt
sonst brauch ich keins

zuvor will
ich gern mit euch streiten
wie es sein könnte
gemeinsam falsch zu liegen

auch wenn das
vielleicht vermessen klingt
ich glaube wir
könnten gewinnen

doch wozu
diese Herausforderung
wir fürchten nichts als
Konsequenzen

dies umgibt
nahezu die gesamte Brandung
des Meeres
das tagtäglich
auf uns schlägt

das Lektorat

erweist sich
als außerordent -
lich unausgiebig

das andere im ich

immer wenn ich
Literatur lese
denke ich
an Zellulite

du entdecktest

immer wieder neuen Scheiß
darüber sollte ich mich freuen, heißts
so geil kann er auch wieder nicht sein
sonst müsste ich mich
nicht mit dir freuen

uneigennützig

doch voll des Lebens
überdrüssig
beschloss der Moderator
sich für eine
moderatere Außenpolitik
einzusetzen

Das Gretchen

lutscht leise
an einem Stück
Kreide und
danach aß
es Seide

Für diese Plage

hätte ich gern eine passende
Tupperware

Der Konstrukteur

erzählt dem
Konservator
der Restaurateur
hätte mit
der Rezeptionistin
seine Urologin betrogen
was der Friseur
der Pflegefachkraft
so vorausgesagt hätte

Ein Leben nach dem Tod

Nichts konserviert mich
so wie dein Atem
wie ein Zuschlag zur Zeit
ist nichts für mich
und zum Glück nicht
übertragbar
er ist leicht zu finden
und muss nicht geschult werden
nichts passiert morgen und
was gestern geschah
ist schon vorbei
dennoch schleicht die Katze
müde um mich
und ich kann mich nicht rühren
kann nicht bestreiten
dass ich aus dieser Sicht
auch verlassen bin

Der Dichter ist sauer

was fang ich nur an
mit meinen Aggressionen?
Schrieb ich keine Gedichte
sie gingen sie wohl einfach verloren

Der Tausch

Sitze ich alleine
unter einem dunklen Mond?
Der Volksmund weiß schon
Jedem das seine
Doch ob sich meins
auch lohnt`?
Ich glaub ich
will das nicht haben
Könnten wir beide
nicht tauschen,
Sie und ich?
Meines gegen Ihres
und Ihres gegen mich?
Das wäre schön

Du Rebell, du

Ich laufe neben
dem Weg den
ich soeben
verloren
wohl weil daneben
so viel schöner
frischer feuchter Schlamm liegt

Gästebucheintrag, ich weiß nicht mehr wo und warum

ich will mich beeilen
hier ein paar Zeilen
zu hinterlassen
doch ich bin so nervös
ich hätte fast vergessen
worum es geht

Eine weitere, unerfüllte Aufgabe

Jetzt wäre Zeit
für Gedankenarbeit
Doch ich fauler Klops
sitze nur hier
und schreibe dir

Die Fremden von gestern

Ein Knall
ein Grund
Stillstand
arktisähnliche Schneetürme
hier und da Krater
von Neujahresgrüßen
darüber ein Schild
'Das werdet ihr büßen'
daneben eine Einbahnstraße
biegt ab nach rechts
was hier oft Zukunft meint
die Fremden von gestern
sind hinter Fenster gesperrt
doch ihre Tentakel
krallen sich meine Vergangenheit
für mich ein Brei zum Morgen
und Katerfrühstück für den Hund

metatypisch

Über den Behörden
schwebt ein Ballon

Über dem Schreibtisch
hängt ein Korsett

Die haben hier wohl nie was
von Bodenhaftung gehört

Das neide ich ihnen
beträchtlich und
verächtlich schaut
etwas in den Himmel

Das hohe Verwalten
mit Intuition
das hohe Verwalten
einer Institution
bedarf fester Mythen
einskommafünf pro Person

Wir zusammen ohne dritte

Du weißt, dass ich
gerne Café trinke
am Abend

Du weißt, dass ich
dann gerne aufhöre
zu fragen

Du sagst, das sei
schon in Ordnung
das ginge ok
Aber wie erkläre ich das
meinen Lesern?

Zentrifugalkraft

ausgebeugt heute morgen
ein bisschen etwas, das sich wie frei fühlt
ein bisschen Welt erfahren
ohne Rückblick
ohne Ausschau
das ist lobenswert

kommen sie aufgetankt
ein bisschen vielleicht
 zu viel Cafe
und wortgewandte Fugennischen
die Partitur
wird lauwarm serviert

nach dem Beratungsgespräch

Ich weiß,
dass ich es schaffen kann
Ich weiß
noch nicht ganz genau was,
und weiß
noch nicht ganz genau wann
aber ich weiß
dass ich das kann

Technik

Die Leiter
liegt aus Aluminium
zur Verstärkung
der Gartenbegrenzung
liebevoll mit dem Restzaun verwoben

gefangen aus Liebe

Die Kohlmeise
mit einer Eisenkugel gefangen
gebannt betrachtet, unabgeschlossen der Wanderschrank
an dem er entlang manchmal vorbei ankam,
bevor er wieder ging, schlafen ins Kinderzimmer
und abbog und auf den falschen Pfad kam und sich das Leben nahm obwohl er
nur noch zwei Monate zu leben gehabt hätte

3. Kapitel

Der große Unterschied

verdammt, verhasst, vergöttert

Umstände sind
des Teufels Gefolge

Fundstelle

Du findest für alles
die dir eigenen Worte
und doch klingen sie gleich
ähnlich wie meine

du kniest konzentriert
auf allen Vieren vor mir
doch ich denke nur
an dein Gesicht

du schreist mich an
wenn du nicht bekommst, was du willst
oft genug ziehe ich dich
nachts unter Tränen aus

Zukunft ist immer
hauptsächlich ungewiss
nur dass du bei mir bist
lässt mich nicht verzweifeln

Du greifst nach meiner
Hand wenn du schläfst
doch liegst du noch wach
darf ich dich nicht streicheln

du trägst deine Hosen
fast so wie ich
nicht weit genug oben
und schnell ist dein Schritt

Du bittest mich noch
einmal mehr um mein Geld
das kannst du gern haben
doch trennt uns eine Welt

Du ziehst dich empor
an den Regalbodenbrettern
doch fällst nicht in den Tod
denn ich kann dich retten

du leidest auch unter
Jähzorn wie ich
nur meiner ist leiser
und unbestechlich

Scharade

Du erheiterst mich
mit deinem sonnigen Gemüt
doch davon merkst du nichts
davon bekommst du
nichts mit

Du sitzt es nur aus
mehr fällt dir dazu
nicht ein
mehr steht für dich
nicht auf dem Spiel

Die tiefen Sorgen
die ich angeblich habe
sie bedeuten dir nichts
bei Nacht und am Tage

das zieht mich an
und dich aus

Wegzehrung

„Begleitest du mich noch ein Stück?
Nur bis herauf zu den... den...
gähnenden Hügeln!"
„Ei was Madame, ich weiß nicht recht -
Sie wollen doch nicht noch mehr Kinder kriegen?"
„Oh nein! Mein Schoß ist eine Festung,
mit mehr als sieben Siegeln."
...so führten sie ihr Gespräch fort,
bis sie miteinander schliefen
oder sie ihn ein für alle Mal
von ihren Kehrseiten überzeugte.

Gleichnis

Ärger vergeht
zum Glück
Liebe
leider auch

Straßengraben

Du liegst tief vergraben
an einer dieser Straßen
die nirgendwo enden
und nachts nicht gut
beleuchtet sind

Discothekenvorraumbank

wir sitzen neben
ein anderer sitzt
unschuldig
ist keiner von uns

Es ist besser

besser ist es
manchmal still zu sein
nur nicht dann
wenn es erwartet wird
nicht dann
wenn andere meinen
du solltest schweigen
dann nicht

Noch ein Du

Du
bist und warst einvernehmlich
das Schönste des Abends
so ein ganz klein wenig
unbequem

multiple choice rest

Ich zwänge mich in die engsten Räume
um dann auf weiten, unbebauten Flächen
zu zerfließen
ein Trick in der Beleuchtung
vermag Gewissensbisse auszulösen

Du lässt mich hier sein
doch vielleicht wäre ich einfach
nur gerne bei dir

Du lässt mich mich sein
und daran werde ich verzweifeln

doch du bist nicht Schuld
denn Schuld setzt
Beteiligung voraus

Logikkalkül

wären diese
Zeilen von dir
so hätten wir beide
etwas gemeinsam

unvermittelt

die Zufriedenheit
entspringt meist
einem Gefühl
von großer Differenz

Sprachtest

Der Begriff ist zu Weilen
mit dem Widerstand verwandt:
man kann sich ihm anschließen
aber sich ihn
nicht immer leisten

ein bisschen Märchen, ein bisschen Sonntagsspaziergang

purpurrote Ziegel
dazwischen Moose
und wunderliche
grüne Nuancen
unter Vorstadtvordächern

Manche Dinge bleiben in Erinnerung – welche können wir nicht, bestimmen

Zufällig oben ohne
wanderte die Wunderschöne
über den Strand
gebannt von ihrem Busen
konnte ich kaum grüßen
und alles
was von diesem Augenblick bleibt
ist ein buntes
Arschgeweih

Affäre

des Fahrbahnschaffners Ehefrau
hat ein Verhältnis
mit einem aus dem
Nahverkehr

Damals in Biscarosse, als ich ein Prostituierte nicht als solche erkannte

die erste Nutte
die ich sah
hab ich vergessen

Kein Heute für mich

Nein, komm bitte heute nicht nach Haus
nein, heute bitte nicht
ich habe schon gespült und die Wäsche gemacht
geschrubbt und gebügelt
und Blumen gekauft
den Hund beruhigt und das Baby gefüttert

Es ist alles in Ordnung
uns geht es gut
nur komm bitte heut du
nicht mehr nach haus

wieder sehen

so saßen wir beisammen
bei Sushi, Rotwein
und Verlangen

Regeln

jede Nacht
in der du
nicht neben mir liegst

ist eine Nacht
in der ich
nicht einschlafen will

Leute, die vor dem Telefonat überlegen, was sie sagen, sind unsicher

„Ja, guten Tag,
Matzek mein Name
Ich rufe an
denn ich hätte eine Frage."
„...ja bittschön?"
„... - auf Wiedersehen!"

Existenzialismus

was wir von den Katzen lernen können ist:
wir binden uns nur
aus Liebe und für Futter

mit allen scheingut

ich weiß nicht mehr
wem dieser Besuch galt
es schien fast so
als hätte ich Freunde getroffen

Ex-Liebe

eine Zuversicht
räkelt sich
auf einer Strohmatratze
dazu scheint mir
die Morgensonne
auf die Abendglatze
- Remis, würd ich sagen?

Ein mißglückter Versuch, auf die aktuellen Erfolgswelle von Fantasyliteratur mitzureiten

Der oberirdische Kobold
lag gelangweilt
auf der Britsche
er hatte sich
seinen Aufenthalt
hier etwas anders
vorgestellt
etwas schabernackiger

Für Völkerverständigung

Kunstliebhaber sind Araber
schon von Geburtes wegen
doch beschleicht den Schreiber
ein schlechtes Gefühl
wenn er Allah zeichnen will

Kunstliebhaber sind Araber
schon aufgrund ihrer Geschichte
da passt es mir so überhaupt nicht
dass man die Erfindung der Kunst
nun den Schwaben zuspricht

Hurra,

Was auf der Hand liegt
verdient keinen Applaus

no spotlight

Was ist das für ein Licht?
orange gesäumt, lila zentriert
vielleicht durchgebrannt?
vielleicht übrig geblieben?
Es könnte eine Kerze sein
oder n Strahler
oder einfach nur ein Neogen
Es flackert zwar
doch stets im Takt
und es ändert manchmal
seine Farben

gegen Gegen-wart

selten ist der
Mensch genügsam
niemals will ich
einverstanden sein

Versuch, mehr geht nicht

umgestellte Regenwörter
plätschern auf Zufriedenheit
nach einer halben Stunde
stahlharter Zuckergruß

Cousin 11

mit Sicht auf
die Copacabana
arbeitet er
als Bauingenieur

Taktik scheitert, Strategie verliert

Schüchternheit
kommt meistens gut an
nur meistens auch
nichts dabei heraus

Lebensplanung

seit mein Schutzengel
aus der Kirche ausgetreten ist
überlege ich mir ernsthaft
die Krankenkasse zu wechseln

liebes Leben,
bist du wirklich mein Zeuge?
oder ich nur dein Clown?

Glückspiel

der Blackjackautomat
steht er in der Ecke
und wartet
auf den Hauptgewinn

Umschulung

nachdem der Totengräber
sechzig Jahre
seinen Beruf
zufriedenstellend ausgeübt hatte
ließ er sich
zum Physiotherapeuten umschulen

Auftragskunst

unbekümmert
leicht verstümmelt
dreht sich der Innenarchitekt
in Pantoffeln
mit Farbtafeln
stetig um sich selbst

Amusement

vergeblich ist nur lustig
wenn es sich wiederholt
Vertrauen ist nur komisch
wenn es sich nicht lohnt
Zerbrechen ist nur fröhlich
wenn es dich verschont

Verschwörung

da ist er
der Sprecher
der Ateliergemeinschaft
man nennt ihn auch
den Rächer
der Strukturfreudigkeit
Fünfe lächzen
nach seinen Worten
einer sitzt da und
erwartet das Urteil
es wäre sicherlich interessant
das weiterzuverfolgen
doch es ist schon
alles abgesprochen

Die Waschmaschine

hat noch lange nicht ausgedient
bleibt die Frage
ob ich Schmutz genug habe

Schmarotzer

der Lumpen
liegt
einem Halstuch gleich
um den Hals eines
Lumpen gebunden

Visionen von uns

wie schlau
können wir sein
wenn wir doch
immer nur zuhören
und dazu spielen
und etwas von uns einbüßen
in den Schrebergärten
Wozu soll das gut sein
dem andern zu zeigen
dass wir viel zu schlau sind
um zu verstehen
Wir können versprechen
und uns danach sehnen
das alles dies
zweimal vorbei geht

Karlsruhe IV

Zufällig hier
bewusst
nirgendwo sonst

warum können wir uns nicht gemeinsam erinnern?

Wisst ihr noch, was wir alles taten?
Für die Erhaltung unserer Heiterkeit?
Nun ist einer tot, einer gräbt mit dem Spaten
nach dem Schutz des Regenwalds

Wisst ihr noch, was wir alles waren?
Rocker, Skater, unbelehrt
ein anderer ist tot, die anderen warten
Auf den Aufstieg in Gesellschaft

Und wisst ihr noch, wohin wir sahen?
In den Himmel, mit tausend Sternen bedeckt
Einer sieht nichts mehr, die anderen gehen,
den Blick auf den Boden, den Rücken gestreckt

Wer weiß denn schon, wohin wir noch kommen?
Der eine in Himmel, die anderen warten
auf den Aufstieg in Chefetagen,
die Zukunft, könnte man meinen
hat gerade erst angefangen.

Liebe nebenbei

zu wohlgeformt
um ein Luder zu sein
kein nichts und keine
Bestätigung
kein Übergang
zwischen Gedanke und Hals
kommalose Nebensätze
und wer bleibt
hat sowieso schon verloren
keine Demut und keine
Schildrüßenkrebsdiagnose
woran man sich halten könnte
woran anderes
zerbricht

Ohne Kommentar

Ein Haufen Steine
vor meinen Augen
und eine Wand
ganz aus Beton
Ich wünscht es wäre
andersherum

Jedweder

Jeder der
fliegt der
weiß auch
wie man landet

Jeder der
liebt der
weiß auch
wie man strandet

Jeder der
lügt der
weiß auch
um die Wahrheit Bescheid

Jeder der
lacht der
weiß auch
wie man schweigt

Jeder der
liest der
weiß auch
wie man schreibt

Die Schmerzempfindlichkeit

ist heute irrelevant
heute, bei diesem
Abendprogramm

Statistik hilft nicht immer und wenn sie hilft, kann sie das nicht beweisen

Während Kontaktanzeigen in den Printmedien
hauptsächlich von über 60 Jährigen geschaltet werden
findet man im Internet
Liebestolle jeden Alters

Wahlkurs

ich tue dies
um zu überbieten
und zu bezaubern
was mich einst verlies

Ich warte am Strand
auf die Frau
die mich schon erwartet hat

Ich besteige keine Berge
und bin doch manchmal glücklich
Seht ihr Bergsteiger! Alles umsonst!
Alles vergeblich!

Das Leben geht weiter
noch ist Zeit zu scheitern
bevor uns
noch ein Gott vergibt

Anschuldigung

„Sieh nur,
diese verlogenen Wolken!"
„Wolken lügen doch nicht!"
„Würden aber,
wenn sie nur wollten."

Meta, auch ein Mädchenname

Hätte ich doch nur
auch so ein Metamaß
dann hätte ich ne Menge Spaß und
würde nicht immer
daneben liegen

Karlsruhe I

es ist außergewöhnlich warm hier
für einen Oktobermorgen
aber was geht's mich an?
ich bin nicht von hier

Karlsruhe II

ein unzulängliches Attentat
auf meinen Blättertrog
verübt von einem reinen Wunsch
nach Werkstattrivalität

Karlsruhe III

das Sonal-Brot
heute für zwei sechzig
ausgemergelt, kerngesund
durch Biomastverfahren

Expertentum

Alle Glieder sind fest
verschnürt im Mieder
auf dem Weg zu M.I.R
mitten durch alles zu allem
was man wissen muss
dabei wissen wir schon
alles im Überfluß
doch niemand bekommt mal
einen Bescheid

Quereinsteiger

Immer das Gleiche
Immer die Gleiche
stets dasselbe
nie ändert sich was
Nur ich
bin zum ersten Mal hier

warum ist Wiedersehen, manchmal unangenehm

Willkommen in der Heimat
hier zu hause
unterm Münster-Dom
in der neuen Passage
wo sich das Sehen
wieder angeblich lohnt

wo man sich dennoch fürchtet
vor den Blicken
der alten Bekannten
und alten Gesichtern
vergeblich

Die Ecke

lag einfach nur da
in der Ecke
nahezu nahtlos
angepasst
an ihre Umwelt

für N.L. - Liebe

Er
steht an einer
Telefonsäule
und wartet dort schon
eine ganze Weile auf
Sie

Das Unvorhersehbare

beherrscht
beschlagnahmt
all meine Wollust

doch bin ich
dabei so träge
wie ich nur kann
fast unerträglich

ich sinke in eure Gedanken
die Pflicht ruft
ich rufe
später zurück

ohne Hintergedanken

Du bist wohl nicht mehr glücklich hier
in deinem Kinderzimmer
Was kann er?
Was verdient er?
Ist er nicht nur hier
um dich letztendlich hops zu nehmen

jetzt auch egal, aber bitte mit Würde

„Du hast
lange gelebt.
Hat sichs denn gelohnt?"
„Wahrscheinlich schon."

Die wiederholt scheiternden Beschriftungsversuche von Leitzordnern

Literarische Nische

andere schweigen
das nutze ich aus

Aufstiegschancen

wie kann denn
ein Nachdenker
zum Vordenker werden
Das ist doch nicht
wie das Vorne und Hinten
das ein jeder von uns hat
und auch Oben und Unten
erscheint mir als Vergleich
leicht seicht
und mit Geschichte und Zukunft
hats gleich gar nichts zu tun
Vielleicht durchlebte er eher
eine zu lange Schule
der Nachdenker
der zum Vordenker wird
Sicher, geht er wohl
einen schweren Weg
aber vielleicht besteht
auch gar kein Unterschied

Erkenntnis in der Vorschau

Der Würfelzucker
zuckt zurück
vor seiner kommenden
Erinnerung

Freischwimmer

Wenn eine Welle
das Meer durchquert
gibt es nicht viel zu sagen
außer vielleicht dass
man ihr solche Hast
nicht zu gestehen möchte

Umgebungsgedanken

eintausend Fenster geöffnet
nur meine Umwelt
sehe ich nirgendwo

Chancengleicheit

nein hier scheint nichts
nichts vor sich zu gehen

alles noch offen
wenn auch
leicht angetrunken
niemand besoffen
alles geklärt
was nicht so wichtig war
alles fast
offener
als zuvor

Fehlannahme

ich dachte immer
Schlaf tut gut
jetzt schlafe ich viel
und fühle mich
nicht gut
darüber hinaus
bin ich schlecht zu anderen
doch mitten in diese Gedanken
fällt etwas ein
das jemand wohl verloren
denn meins kanns nicht sein

was bin ich für ein Drückeberger
es ist alles wie ernst und es
wird wohl noch ärger

Familie

Vater Markus
gab seinem Sohn einen Kuss
auf die Wangenknochen
nachdem dieser
davon gekrochen war

Mutter Sybille
las in der Bunten
während sie stillte

Brüderchen Klaus
war derweil
mit Selbstbefriedigungsspielchen
vollbeschäftigt

die Welt birgt sicher Wunder

tief in sich
aber hier oben
sehe ich keine
hören wir mal....
na bitte.
Ich war noch nicht fertig
Na dann...
zu.
pause.
zuhören...
ja, immer gern.

hören sie auf...
ich dachte zu..
ich war noch nicht fertig...
ach...
Hören sie auf mich...!
Auf oder zu?
Wie bitte?
Aufhören oder Zuhören?

Sie hören mir zu. Nein, sie hören mir eben nicht zu!
Und damit soll ich aufhören?

Ja. ....ja. nein, dazwischen zu reden.
Ich wusste was sie sagen wollten.
Und jetzt wissen sie es nicht mehr?
Doch, wieso?
Sie sagten: wollten.

Wollen sie es denn noch immer sagen?
Was jetzt?
Dass ich zuhören soll?

Inzwischen fühl ich mich wohler.
Kann ich verstehen.
Das können Sie nicht nachvollziehen?

Unaufmerksamkeit

ist ein sehr umständlich
wenn man sie in einem
Gedicht platzieren will
dann lassen wir sie
doch einfach draußen

Aufstieg

Nichts ist mehr
wie es war
nichts war mehr
als es ist
jeder Wunsch
jede Idee
überlebt ihren Tod
das ist gut
aber auch
beängstigend
denn wie stark
kann Überzeugung sein
wo sie doch fehlt
und dennoch
alle belügt

Der schwache Grund zusammen zu sein

Wir zwei zusammen
können mehr fühlen
als jeder für sich
alleine genommen

aufgetischt

einvernehmlich zugestanden
und zweifach hintergangen
zurechtgerückt geradegebogen
unwahrscheinlich missbegünstigt
vorwurfsvoll zurückgezogen
versöhnlich berührt und nicht
gerade ungeniert
liegst du hier

Gegen Selbstgespräche

Zehn Minuten Ruhe
ohne diesen Lärm in mir
bloß zehn Minuten Ruhe
mehr wünsch ich mir nicht mehr
nur zehn Minuten ohne
überall stets anzuecken
zehn Minuten Ruhe
um dann wieder los zu rennen
Zehn Sekunden Ruhe
das wäre schon genug

Qualität!

...ja, ist schon gut...
Impression!
Das hatten wir schon...
Glück und Übersicht!
...ich glaube, du bist nicht mein Typ.
Das habe ich schon
einmal gehört
und tausendfach versucht
etwas daraus zu machen.
Wir haben das schon tausendmal besprochen.
Es ist vorbei

Türgespenster

Klopf klopf
Jemand da?
Nein, doch nicht.
Mir war so
als wäre...
da jemand gewesen
...alles leer.
Dieses leise Tripltrapl
von vielen kleinen Füßen
kenne ich doch

In Kombinatorik

war ich nie gut
und in Stochastik
hatte ich nie Glück
so auch diesmal
aber du
hast alle Bälle zurückgeworfen

gut sitzend

ist die nicht gerade
trotzdem bin ich dankbar
für diese Unterhose
du dürftest auch ohne
hier durch meine Zimmer gehen
aber mit ist mir lieber
wir wohnen nun schon
Jahre in dieser WG
meins war sie nie
und trotzdem fehlt ein Teil
wir haben uns stets verständigt
aber niemals verselbst
vielleicht hat es deshalb
nie richtig geklappt
jetzt muss ich weiter gehen
um dich zu besuchen
und dein rufen in der Nacht
wird jetzt ein anderer hören
das ist so
unglaublich normal
ich will mich nicht fügen
doch bleibt mir keine Wahl

man kann alles einfach hinnehmen – das ist sehr beruhigend

Es begab sich
Sie betrug mich

quality time

ich kann nichts
weiß nichts
will nichts
darf nichts
und will auch nichts dagegen tun

auch träume nur manchmal
vielleicht ein bisschen von dir
woher kommt nur
meine Zufriedenheit?

Verwaltungsschwierigkeiten

warum stehlt ihr mir
meine Zeit
die ist doch offensichtlich
nichts wert

Pragmatismus

Denken ist sich mit sich selbst verwechselnder Stoffwechsel

Entwicklung

Erfahrung ist das Ersatzteillager des Geistes

Der Satz

liegt auf dem Boden der Tasse
und genießt seine
moderne Autonomie

Es muss nicht immer Krebs sein

Die Kontrastflüssigkeit
rinnt durch meinen Körper
Cafe gegen
gestern Nacht

Behörde

unzuständig
bin ich bestätigt
denn letztendlich
ist alles
auch etwas
anderes

Tot fragen

ist es nicht schön
über den Dächern von Zürich
ich kann fast
meine Heimat sehen
zumindest kommt
es mir so vor
als könnt ich

Tag der geöffneten Tiere

Am heimischen Tiertag
bringt jeder ein Tier mit
eins, das er mag
so nahe am Zoo
eigentlich machbar
nur der Elefant
steht im Weg

Koalitionen verschwanden
nachdem investierten
Lokalpatrioten
gegen fremde Beteiligung

selbst ich als Nichtinterpret
bin erfasst und vermessen
der Katalog dient als Beweis
nicht völlig Tier zu sein

Norm

umdrehen
hinsehen
aufstehen
mitreden
Lieder schlagen
Tag ertragen
- hey! Was solls?
bin doch gestern erst
zu Bett gegangen

die Unterhose

wird heutzutage
gern gekürzt getragen

Mut zum Möbel

Das Holzfurnier
erscheint so ehrlich hier
geradezu
bestens angepasst

Beruf

als Künstler
gebe ich dem anderen
etwas zu spüren
im Optimaöfall
nur als nicht-Künstler
weiß ich,
was es zu tun gilt

Hinweisschild

eine Anmerkung
zum Umkehren
taucht vor mir auf
will seine Meinung
etablieren
mir gar aufdoktrinieren
Niederlagen dieser Art
schmerzen am meisten

Morgenregen

wäscht die Luft
damit der Tag
sie trocknen kann
die Wolken konnten sich noch nicht formieren

sie können nicht wissen
wie man eine Lösung fühlt
und wie man
alles falsch macht

Der Andere ist

immer auch ein bisschen Schuld
das bringt das alles so mit sich
manchmal hilfts auch ein bisschen
manchmal macht es alles unerträglich

meistens führt es zu nichts und ist
vollkommen vergeblich
macnhmal hilft ein bisschen Ungeduld
meistens ist sie vernichtend

ich dreh mich um und
du kommst nicht mit

du bleibst leise und ich
versuche es nicht...
- einmal mehr

du lässt dich entschuldigen
das verzeih ich dir
doch nur zu gerne
du kommst heute nicht mehr
weder nach haus noch sonst irgendwo hin

wir vermissen zusammen
die Zeiten von einst
doch jeder von uns
davon einen anderen Teil

Konzentrationsschwur

muss ich schon wissen, was ich schreibe
noch ehe ich den Stift ansetze?
Ich weiß doch auch nicht, was ich rauche,
wenn ich die Zigarette zünde
Rauchen und Schreiben
tun mir nicht gut
ich glaube was gut tut
das könnten andere wissen
ich kann darauf verzichten
denn alles was gut ist
ist auch ein Hindernis
eine Neutralisierung
der Hindernisse
des Anwesenden
ein reine Bestätigung

...
wir lagen nahtlos aneinander
gedrückt doch nicht von Liebes wegen
wir gaben uns Hände
und sprachen vom Alltag

Die Reisenden
schillerten bis weit
über Paris hinaus

mach mal Platz da!

hier komme ich
schwer und gewichtig
verdrießlich und meistens
leicht zu erhitzen
schwer zu bremsen
und schon gar nicht
zu lenken
kannst mich nicht überzeugen
weder durch Taten
noch durch ihr Leugnen
vermagst mich nicht
zu bändigen, mich
hat der Junge aufgezogen

Von Sorgen geplagt

saß die Magd
im noblem Gestüt
ihr Herr lag daneben
das Gesicht
 ward im Heu vergraben

Macho

Sehen sie nur!
Der Vogel dort!
Ja, was ist mit dem?
Ist der nicht schön?
Ich würde eher sagen:
aufgeplustert

Zugeständnis und Einforderung

sicherlich bin ich
manchmal ein wenig konfus
deswegen ist sitzen und schreiben
ein wahrer Genuss
für mich und die Andern
weitestgehend ungefährlich
in dieser Gegend

Das Konkrete

leidet meist
unter Weltarmut

Tipps und Tricks zur Kunstbetrachtung

aus geschnitten schmalen Augenschlitzen
sieht man Grünewald
versunken sitzt er
eingetunkt in Ehrfurchtssoße
unumstritten aufgekocht

Treppenhaus, Südseite

Sonne im vierten Stock
Schatten am Boden
Efeu an den Außenmauern
im Dachstuhl ist niemand gestorben
und im Keller wird nichts aufbewahrt
dafür liegt im Aufzug Liebe verborgen
ja manches ist
doch so einfach

Selbstbeschleunigung

nichts übrig
für Rätsel
sag doch
wie es ist
lege die Dinge
offen an sich
diese zu stellen
Fakten sind Falten
und Farben
behände

Analyse

es gibt nur
zwei Elemente des Seins:
das Erklären
und das Verklären
und dazwischen
irgendwo Kunst

Verheißung

wir werden
all das begreifen
aber lasst uns damit warten
bis die Tinte getrocknet ist

Eschatalogie

die Erkenntnis
der Unsicherheit
ist die größte
die wir haben können

mit dem Rücken zur Wand, in die Ecke gedrängt
- die verkannten Aktivatoren
(für Stephan Trüby)

Das Leben
in der Ecke
hat nur Vorteile
zwei Keile
einer vor mir
einer dahinter
das sind doch denkbar
günstige Umstände

jetzt ja

Das Unverbindliche
beherrscht, beschlagnahmt
all meine Wolllust

Doch bin ich
dabei so träge
wie ich nur kann
fast unerträglich

ich sitze in euren Gedanken
die Pflicht ruft
ich rufe zurück
auf Antwort warte ich nicht mehr

nicht wiederverschließbar

Ich möchte heute
unsinnige Dinge tun

Die Birke

voller Zweifel
im Abendsonnenschein
gläzende Brüste
ganz ohne Geziefer
will sie nicht mehr sein

Ich bin meine eigene Stasi

lässt mein Ohr mir manche Dinge
unberichtet, unberührt
informieren mich die Formvorlagen
über Lebenszeitgewirr
wir haben doch nur eine Wahl
Zeichner oder Umriss werden
die Qualität, das Personal
das Talent und der Vollzug
die Belohnung und Geschmack
dienen nicht als Kriterien

Das Zeichenglück

schickt mir einen Brief
ich schicke ihn
zurück
es stand nicht viel drin
nur dass ich bin

Zaudern

im Zweifelsfall
kann Überzeugung
hilfreich sein

Teilnahmepflicht

selig blau hängen Fasern von den Decken
in angegrautem Blau
zirkulieren Fetzen im Luftstrom
sich selbst zersetzende Materie
gibt meine Innereien frei
selbst der Tod ist nicht per se schlecht
hauptsache ich bin dabei

46 Euro

du schweigst mit mir
sitzt da
bist da
bis das Telefon klingelt
ich hasse dieses Geräusch
doch erwart es brennend
so sehr es auch rauscht
 so sehr knistert
fast unerträglich
dahinter
wie in Fetzen geschnitten
angeblich die treueste Liebe
flattert umher

ich weiß nicht
was ich sagen soll
ich spreche nicht gerne mit Dingen
die geschehen wollen

Aussicht

laut geklaut im Krieg
heute am morgen
vor der Terrasse
zufällig
stand ich dabei

Eine Zusammenkunft

von Unvernünftigen
sollte heute
hier stattfinden
doch ich fürchte ich bin
schon wieder alleine

Stadtplanung

der Solarkomplex
hat nachweislich
Auswirkungen
auf das Solar-
plexus Zentrum

Meditation

in langen Sätzen treten
meist leicht entbehrliche
Nebensachen auf

seltsam, nicht lustig

es ist schon
ein wenig komisch
was du da alles schreibst
es macht meine Gedanken träge
dafür manchen Tag dir leicht

Ein Arbeitsverhältnis (wie auch jedes andere)

ist zu viel Raum
auf zu wenig Zeit

Abschied

als ich schon verschwand
meine liebe Barbara
standest du noch am Strand
meine liebe Barbara
und sagtest auf dann
und das war wunderbar

Nicht nur eine Ehe ist harte arbeit

Es sprach Herr Müller zu der Kuh:
„Mach doch du den Mund mal zu!"
Die Kuh erwiderte nicht viel
und kaute unverändert weiter
derweil ging Herr Müller
ihr ans Euter

Er

war plötzlich
nicht mehr da

Sie

schwieg darüber
solang ihr Gewissen
das ertrug

Die Wand

stand dort
schon immer
und stand
...und stand

Seitengeflüster auf Haupstraßen

von der Terrasse bis zum Stadtplatz
dringt es durch Fugen und Ritzen
man schwitzt, ist angespannt
sieht Leute im Tigerkostüm
ungezwungen verkleidet
ziehen sie
in Richtung Strandbad
das einst
vor der Stadt stand

Fabelwesen pflegen

keine Steuern zu entrichten
moderne Geschichten sind hingegen
mit mindestens acht Prozent belegt

Der Tod des Dichters

Fünfundzwanzig Feldreime
auf weiter Flur
sie lachen und tanzen
Was feiern sie nur?
Bestanden sie den Feldreimtest?
Oder ist es nur
der Tod des Dichters
der sie feiern lässt

Anti-Aktivismus

Zeiteinteilung
und Alltagsrhythmen
pochen leise gegens Innenohr
bitten um Einlass
ersuchen Gehör

heute ist nicht viel
vorgefallen

Kontakt gesucht

willst du mein Leben bereichern?
du könntest meine Nummer
erfragen
und dann noch speichern
unter dem richtigen Namen

Monsterwasser

Du stehst im Meer deines Lebens
umgeben von Riffen
von Schifferseite unbemerkt
du beginnst du dich zu regen

nach langer Zeit einmal
gehorchen dir wieder die Muskeln
und die Zellen ergrauen
die Sprache stockt nicht mehr permanent

doch du wehrst dich mit allen
deinen vier Gliedern
die geistige Mitte
bleibt leider geruchlos

Wasser steigt
bis an die Nasenlöcher
Tatsachenschweiß
dringen aus Poren

kein Quork

Bitte glaube nicht
diesen verfressenen Schweinen
mit den kleinen Augen
und diesem unumgänglichen
Tonfall
lass ab von
den maskierten Reihen
ehe sie dir
das Laufen noch zeigen
verspreche mir nichts von
einer gemeinsamen Zukunft
wenn alles was uns hält
Sekundenkleber ist
fühle dich nicht schlecht
deswegen das kannst du
mir überlassen
die Schlacht um den Triebe
ist noch nicht entschieden
doch vielleicht zweifelst du auch
an den Qualitäten
der Stunden
in denen wir liebten

bevor du aber gehst
bitte vergib mir
all meine Fehler
und all meine Taten
die dich dazu brachten

mich zu verlassen

5. Kapitel

Am Ende bleibt immer etwas übrig

Reflexion

denken bedeutet
ein Wahrnehmung fühlen

Was machen eigentlich Jockeys nach Beendigung ihrer aktiven Laufbahn?

Der Lattenrost
aus Pferdehaar
auf dem der
junge Jockey schlief
dient heute
als Pferdedecke

trotz Maulkorb nicht sicher

meine Hand in aller Munde
habt ihr mir
nichts zu sagen hier?
Ich falle um
und stehe auf
jeden Tag
und jede Nacht
und mehr
gibt es auch nicht zu tun
viel mehr steht
nicht auf meinem Plan

Potential

du gabst mir
zehntausend Jahre
hast sie mir einfach
in die Hand gedrückt
ich fühle mich damit
ein wenig überfordert

Heimkehr

in Sicherheit heimgekehrt
auf den Vorplatz
der in der Sonne liegt

ein Fahrrad, ein
Kräutergarten nebenan
beherbergt und mir doch
die kalte Schulter zeigt

drängt sich etwas
aus meinem Gedächtnis auf

ich suche es
zwischen den Ritzen der Fußbodenplatten
suche nach Anhaltspunkten
und fand auch einen
doch wofür
stand der noch gleich?

Silbenrätsel

be
wundert
weil
ab
gewandert
ins Fern-
sehen

Lehrerzimmer

im Zuge von
Umweltlob
bot man mir an
doch „du" zu sagen

Alleinstellungsmerkale machen nicht immer erfolgreich, aber zwangsläufig einsam

keine Konkurrenz
in dieser Nacht
niemand wach hier
keine Ordnung am Himmel
nur eine kleine
Wesensverschiebung
die höchst wahrscheinlich
niemand sonst sah
abgelenkt

immer dieses Zick Zack
immer dieses Hin und Her
mein Auge folgt dem nadelöhr
kannst du diese
Stickereien bitte
augenblicklich einstellen?

Der große Ömer

verkaufte das große R
für eintausend Dinar
an die Römer

Die Deutschen

lieben Philipininnen
sowohl draußen
als auch drin

uneins

nach all dem Widerspruch
einigten wir uns
auf Unverträglichkeit

ad finito

ich habe mich aufgegeben
so umfassend
wie nie zuvor
bin nicht mal mehr verlegen
dies vor allen zu gestehen
ich will mich dem beugen
ihr könnt nichts
außer leugnen

Intuition

des einen
 Verwirrung
des anderen
Weisheit

Random & Reapeat

schon wieder alles beim Alten
die Wut ist verraucht
so auch der Eifer
der Erfolg ist ausgeglichen
trotzdem geht es weiter
es ist müßig und träge
kaum wert erwähnt zu werden
dieses Leben
hält alles bereit und hat doch
hier nichts geleistet
und bald wird es zu alt sein
um etwas zu ergänzen
denn wer in jungen Jahren schläft
wird in den alten nicht glänzen

Lebenswege Mitte des zwanzigsten Jahrhunderts

vom rechten Wege
abgekommen
suchte Hubert lange
und vergeblich zurück zu gelangen

Haltestelle

Tag um Tag verstreicht
welch seltsame Einheit
heute, Morgen, gleich

Kalkpapier verpackt in sich
bröckelt, trocknet aus
bringt sich selbst zum Vorschein

umwoben von
Erträglichkeitsversuchen
ich möchte – doch ich möchte auch
dabei sein

die Postkarte

wird unbeschrieben
dennoch den
Empfänger rühren

Musik machen kann man nicht aufgeben, nur sein lassen

Des Nachbars
Sonnenscheinsonate
vermischt sich mit
Pop-Musik

oder ist es gar
das selbe Lied
gebrochen an den Außenmauern?

Vorbei

„Was für ein Zustand!
So etwas hab ich
noch nicht gekannt!
Hab ich weder in Wien
auch nicht in New-York
weder in London erlebt
„Was für ein Zustand
ist das denn?"
„Schon vorbei."
„Und wie wars?"
„Schön wars."
„Du meinst wohl eher
einen Augenblick."
„Danke nein, davon
halte ich nichts."

Summerum

widerspenstig
ging sie ihren Weg
nur auf die Vollständigkeit
ihrer Erfahrung
konnte sie zählen

Abschied aus Aarau

eine vertraute Runde
noch eine Sekunde
am Schneidetisch
der Sicherheit

wir schütteln Hände
genießen Gewohnheit
zum letzten Mal

bissig

Der sehr alte Mann ward seiner Zähne überdrüssig
er spuckte sie aus und sagte bei sich:
Wenn ich schon nicht ins Gras beiße,
dann wenigstens wie hundert aussehen

Kein Laub

fällt mehr hier zu Boden
kein Traum
hat sich je hierher verirrt
es fällt mir schwer
dich nicht zu loben
auch wenn du etwas Böses tust
ein Pfau
spannt sein Rad auf um zu vögeln
ist mir gleich
mich kriegt ihr nicht
ein Saum von Gold
an der Kante des Lebens
dort wo Geburt auf Ende trifft
ein Hauch von Unverdorbenem
dringt durch mein Fenster
und verpestet meinen Geist
ich wollte wohl etwas Besseres werden
doch nur in Sekunden
bin ich mir gleich

bleibt

dieser Raum bleibt
den Eintretenden vorbehalten
doch bald sie vergessen den Eintritt
und die Zugangsbeschränkung

wie frisches Eiweiß
fließen sie durch die Gänge
betrachten die Wände
haben Spaß an Spuren von sich selbst

ungeachtet der Mahnung zur Stille
würde über Kaufen gesprochen
und werden Reden verkauft
und in den Ecken

lässt sich hie und da
ein Kammerchor nieder
ungewollt harmonisch
den nächsten Angriff bespricht

Menschen landen hier oft unfreiwillig
Fliegen meist mit Intention
den letzten Teil Atmosphäre ist bespielt

alle Gefahren hier
sind auch Kalkül
jeder Umweg
erschreckend direkt

umständlich laufend
wurde schon der Chef gesehen
doch es gibt keine Zeugen
nur Berichte

Zukunft

ungeniert liegt
sie vor mir mit
weit gespreizten Beinen
und ich wünschte ich
wäre mit ihr alleine